NOTICE HISTORIQUE

ET ARCHÉOLOGIQUE

SUR LA

COMMANDERIE DE BEAUVAIS - EN - GATINAIS

PAR

M. TH. LHUILLIER,

Extrait du Bulletin de la SOCIÉTÉ d'ARCHÉOLOGIE, Sciences, Lettres et Arts,
du département de Seine-et-Marne.

MEAUX

TYPOGRAPHIE DE J. CARRO, RUE DE LA JUIVERIE, 1

IMPRIMEUR DU BULLETIN DE LA SOCIÉTÉ

1873

NOTICE HISTORIQUE

ET ARCHÉOLOGIQUE

SUR LA

COMMANDERIE DE BEAUVAIS - EN - GATINAIS

PAR

M. TH. LHUILLIER,

Secrétaire-Général de la Société.

———◇◆◇———

MEAUX

TYPOGRAPHIE DE J. CARRO, RUE DE LA JUIVERIE, 1

—

1873

NOTICE HISTORIQUE ET ARCHÉOLOGIQUE

SUR

LA COMMANDERIE DE BEAUVAIS EN GATINAIS [1]

PAR M. TH. LHUILLIER,

Secrétaire général de la Société.

I.

Peu de provinces furent aussi riches en maisons de religieux militaires que le pays que nous habitons.

Comme le remarque M. l'abbé Denis, dans son intéressante notice sur Choisy-le-Temple (2), il ne faut pas s'en étonner. « Ne se souvient-on pas combien de manoirs féodaux s'élevaient au moyen-âge dans l'Ile-de-France et dans la Brie, combien de chevaliers issus de nos anciennes familles seigneuriales prirent part aux expéditions de Terre Sainte et se signalèrent dans les combats d'outre-mer ? N'était-il pas naturel que sous cette inspiration à la fois chrétienne et guerrière, il se fondât dans ce même pays des établissements fixes d'ordres religieux et militaires ? »

(1) Depuis la lecture de cette notice devant les Sections de Fontainebleau et de Melun, j'ai eu connaissance du travail que M. E. Mannier a publié au commencement de 1873, sur les Commanderies du Grand-Prieuré de France.

Par une coïncidence facile à comprendre, puisque nous avons puisé aux mêmes sources, notre érudit confrère a consigné dans son livre, en ce qui touche la Commanderie de Beauvais en Gâtinais et les membres qui en dépendaient, bon nombre de renseignements que j'avais moi-même relevés de mon côté.

L'ouvrage de M. Mannier est très-complet, bien divisé et plein d'excellentes recherches ; sa publication récente enlève à ma modeste étude presque tout l'intérêt qu'elle pouvait avoir, car beaucoup de détails que je croyais indiquer pour la première fois ne sont plus inédits. Après avoir lu le chapitre consacré par M. Mannier à Beauvais, j'ai été frappé beaucoup moins de la similitude parfaite de nos données que de la façon savante avec laquelle elles ont été mises en œuvre.

Il y a, de ma part, quelque témérité à publier le résultat de mes recherches, en présence du livre de M. Mannier ; néanmoins, comme nos renseignements se contrôlent et se complètent, et que chacun de nous a traité le sujet à sa façon, je livre telle quelle la notice que j'avais écrite au mois d'août 1872.

Th. L.

(2) Société d'agriculture de Meaux, 2e sem. 1860, p. 82.

Ajoutons que la fertilité du sol n'était pas une considération à dédaigner pour ces sortes de créations.

Sans entrer dans les détails de la fondation des Templiers en 1118, par un chevalier de la maison des comtes de Champagne, sans retracer la prompte et brillante extension de leurs établissements, qu'il suffise de rappeler ici que l'ordre s'étendit tellement en Asie et en Europe qu'on dût le diviser en grands prieurés ayant sous leur dépendance un certain nombre de Commanderies, bénéfices confiés à la garde d'un chevalier dignitaire choisi par le grand maître. Ces bénéfices étaient à la fois métairies et habitations féodales, monastères d'un caractère particulier et refuges hospitaliers ; on y construisit des églises en même temps qu'on pourvut à leur défense en y élevant des tours, des remparts, et en les entourant de fossés. Le commandeur avait avec lui plusieurs frères, qui menaient de front la pratique des exercices religieux et des exercices militaires ; il administrait le temporel de la maison et jouissait des droits seigneuriaux qu'on y attachait peu à peu. Un bailli ou un prévôt rendait en son nom la justice, sauf appel direct au Châtelet de Paris : c'était une des nombreuses prérogatives de cet ordre privilégié, qui avait su s'affranchir de la juridiction épiscopale aussi bien que de l'autorité du roi.

Toutes les possessions des Templiers, dans le pays formant aujourd'hui le département de Seine-et-Marne, dépendaient du Grand-Prieuré de France, dont le siége était à Paris, et qui avait pour membre principal Choisy, près Claye, — Commanderie à laquelle on réunit successivement celles de Puisieux, de Monthyon et de Dieu-l'Amant.

Il existait d'autres Commanderies à Moisy (comprenant Montaigu, à Villiers-sur-Morin), à Chevru, à Maison-Neuve, près Coulommiers, à Coutran, près La Ferté-Gaucher, à La Croix en Brie (comprenant Provins, Rampillon, Coutançon et Châteaubleau), à Melun, à Savigny-le-Temple (liées à Saint-Jean de Corbeil), et enfin à Beauvais-en-Gâtinais (comprenant les membres de Dormelles, Ville-Saint-Jacques, Paley, Fourches, La Brosse, etc.)

Beauvais, situé dans la paroisse de Grèz, se trouvait par exception dans un pays aride, sablonneux, couvert de bruyères et de bois, mais ses domaines s'étendaient au loin sur des terres qui rachetaient par leur importance le manque de fertilité du chef-lieu.

C'est de cette dernière Commanderie que j'ai l'intention de vous entretenir.

II.

Dans la vallée du Loing, sur la lisière du Gâtinais et à une lieue de Nemours, s'élève le village de Grèz, aujourd'hui commune de 600 âmes, — ancienne ville, disent quelques chroniqueurs qui appliquent faussement l'ancienne appellation de *Villa*, — mais, en tout cas, ancien château royal, dont on voit les derniers vestiges, restes d'un donjon nommé *tour de Galles*.

Une tradition qu'on retrouve autour de beaucoup de ces manoirs, veut que celui-ci ait été élevé par la reine Blanche, mère de saint Louis. Nous ne contestons pas que Blanche ait été dame de Grèz ; au contraire, nous savons que Louis IX après que sa mère eut fondé l'abbaye de Lys, près Melun, dota cet établissement de 300 arpents de bois dans la forêt de Bierre et d'une rente de 54 muids d'avoine à prendre sur sés terres patrimoniales de Grèz et de La Chapelle-la-Reine. Cette redevance se percevait encore à la révolution.

Mais il est hors de doute que le château remontait un peu plus haut encore. Le continuateur du chroniqueur Aymoin (Histoire de France, tome XII, page 123) rapporte qu'en 1127 le roi Louis-le-Gros fortifia Chaumont, Lorrez-le-Bocage et Grèz, et que ce prince acheta douze autres lieux circonvoisins, notamment Moret, pour la défense du pouvoir royal attaqué par des seigneurs puissants.

Quoi qu'il en soit, Grèz a encore dans la suite, en 1358, fait partie du douaire d'une autre reine Blanche. Cette petite place à appartenu aussi à Jeanne de Bourgogne, première femme de Philippe VI, à Charles VI, qui la donna au roi de Navarre (1404) ; — rentrée dans le domaine de la couronne en 1478, elle passa plus tard aux ducs de Nemours.

Là mourut, après une maladie soignée à Fontainebleau, la comtesse d'Angoulême, mère de François Ier, le 22 septembre 1531.

De ce château qui a eu, comme on voit, son illustration, les souvenirs ont disparu avec les hautes et solides murailles. Déjà au xviie siècle, ce n'était plus qu'un massif délabré, et Claude Chastillon l'a gravé alors sous le titre de *Vestiges d'Antiquités*.

En ventôse an 2 le district de Nemours eut la pensée de faire disparaître toutes les constructions qui rappelaient la féodalité, et la destruction de ces ruines pittoresques fut ordonnée ; cependant elles ont survécu et elles s'encadrent encore dans un bouquet de grands arbres qui borde la rive gauche du Loing.

A côté, florissait la communauté des Templiers de Beauvais,

Commanderie importante, dont aucune construction n'a triomphé du temps.

On montre — écrivait en 1839 Louis Michelin, dans ses *Essais historiques sur Seine-et-Marne,* — sur le bord du petit bois de Villiers, près de la route d'Antibes, le lieu où existait cette maison. Sur l'emplacement de partie des bâtiments a été construite une habitation de garde.

Pourtant, il y a quelques mois, on signalait encore dans une feuille locale cet emplacement comme digne d'attention. Un ecclésiastique distingué, M. l'abbé Pougeois, dans l'*Abeille de Fontainebleau,* faisait remarquer le mur d'enceinte de la Commanderie apparent au-dessus du sol, l'ouverture de caves béantes au milieu des ronces, des broussailles et des débris sous lesquels sont ensevelis des souvenirs intéressants. Provoquant quelque membre de notre Société à entreprendre une étude historique sur Beauvais, la note livrée à la publicité contient aussi le vœu que des fouilles soient faites non-seulement à l'ancienne Commanderie, mais aussi à Grèz, cité bouleversée, dont les débris ont servi, dit-on, à édifier Nemours et dont les portes du moyen-âge, les caves monumentales, les galeries souterraines sont dignes de piquer la curiosité des archéologues.

Nous avions devancé le vœu pour les recherches historiques relatives à Beauvais.

Quant aux fouilles, produiraient-elles à Beauvais autre chose que la mise à jour de sépultures enfouies sous les décombres de l'église ? C'est fort douteux.

A Grèz, peut-être une exploration serait plus fructueuse, et nos confrères de la Section de Fontainebleau y songeront certainement à l'occasion.

III.

Dès 1184, les Templiers avaient des biens à Grèz ; une charte signée à Fontainebleau par Philippe-Auguste, pour régler les droits des chevaliers sur les pâturages de cette localité, attribue le tiers des prés contestés, « vers le lieu le plus bas, » aux habitants de la paroisse (1).

Quinze ans après, Raoul de Brouilly ratifie la donation faite par Guillaume, son père, d'une rente en grains sur le moulin de Genouilly, près Bransles, en faveur des frères hospitaliers qui, en 1207, reçoivent encore de Robert de Villermottier une rente

(1) Arch. nationales, S, 5167, supp. n° 3.

annuelle de douze mines de grains, mesure du Gâtinais, à prendre sur le moulin de Chantereine.

En 1220, non-seulement les Templiers étaient établis à Beauvais, mais déjà ils avaient placé à Dormelles des frères, constitués en petite Commanderie particulière, à laquelle des donations ne tardèrent pas à être faites ; cette année même, les Templiers de Dormelles reçoivent de Girard, chevalier, des biens qui firent un peu plus tard retour à leur maison de Beauvais.

Au mois de mai 1226, Pierre de Bullon donne « à Dieu et aux frères de la milice du Temple » moitié de deux pièces de terre, situées à Beauvais (ou, comme on disait alors, à Beauvoir-lès-Grèz) ; les donataires achetèrent l'autre moitié moyennant 35 livres, et Nicolas Boquerel, écuyer, leur fit remise de 12 deniers de cens qu'il avait droit de lever sur ces parcelles.

Les chevaliers achètent, au mois de février 1240, de Nicolas de Hautvillars, du consentement de Marguerite, sa femme, des prés au-dessus de Grèz, proche ceux de Barbeau et ceux du Roi, longeant le fossé vers Moncourt, jusqu'à la rivière du Loing, moyennant 118 livres parisis. Louis d'Augerville consent à l'amortissement, et la vente est ratifiée par les seigneurs féodaux, Jean de Nemours, chanoine de Noyon, et Philippe, seigneur de Nemours, chambellan du roi (avril 1243).

Vers le même temps les religieux chevaliers reçoivent la terre de Souppes, à titre d'engagement, de Renaud Polin, pour 60 livres parisis ; Guillaume, vicomte de Fesart, seigneur féodal, approuve cet engagement. (Janv. 1241, c'est-à-dire 1242).

Une contestation s'était élevée entre les hospitaliers de Beauvais et Guillaume de Mollecourt ; celui-ci après avoir revendiqué des dîmes sur les terres de la Commanderie à Beauvais (*Bello visu*) et « Hulay, » finit par se désister de ses prétentions, ainsi que le constatent des lettres de Nicolas de Hautvillars, bailli du roi, données à Paris en 1242.

Pierre de Blennes, chevalier, et Marie, sa femme, vendent le 1er août 1244 aux frères du Temple la moitié des moulins d'*Ullé*, sur le Loing, avec l'eau et la pêche, moyennant 245 livres parisis ; Adam de Blennes, écuyer, et Ermangarde, sa femme, leur cèdent aussi sous la garantie de Nicolas de Hautvillars et de Philippe et Jean de Nemours, seigneurs féodaux, tout ce qu'ils possèdent à Ormoy, paroisse d'Aufferville ; Barthélemy, prévôt de Nemours, et Emeline, sa mère, y ajoutent d'autres biens (mai 1246), en même temps qu'Errant de Grèz leur fait donation de 20 arpens de terre à Bonnevau (Larchant) et de 2 arpens de vigne à Buissel. En 1248 Nicolas de Hautvillars leur vend la terre et seigneurie de Genouilly à Bransles ; d'autres suivent le mouvement des libéralités, ce sont Adam Leclerc de Tremerville, Guillaume de Donnemarie et Isabelle, sa femme, Adam dit Lasnier, Payen de Villars, etc.

Cinq ans plus tard, Perrin de La Brosse abandonne aux Templiers ses droits seigneuriaux et ses biens de Morville, conjointement avec Robin, son frère, et Isabelle, sa sœur (avril 1253). Godefroy de La Chapelle, chevalier, y ajoute « en pur don » à charge de célébrer un anniversaire dans leur chapelle, deux pièces de vigne, l'une au-dessus d'Ullay vers Grèz, l'autre près de La Chapelle-la-Reine (novembre 1257). En 1258 les hospitaliers complètent leur fief de Morville par de nouvelles acquisitions de Jeanne, veuve de Jean de Lolainville.

Quelque longue et aride que puisse être la nomenclature dont nous poursuivons le détail, nous ne devons pas la négliger parce que chaque alinéa signale un titre original qui, le plus souvent, a disparu (1), enseigne un fait nouveau, un nom inconnu, lesquels non-seulement prouvent l'accroîssement rapide de la fortune des Templiers de Beauvais au xiii⁰ siècle, mais encore fournissent autant de renseignements pour l'histoire d'une localité voisine.

On voit, au mois de décembre 1259, Eustache, Robert et André Froment ratifier le don fait aux Templiers par Adam Froment de Fargeville, leur père, chevalier, de ses biens situés à Fonteneilles, près Souppes, et à Villeneuve (Dordives), comprenant terrage, cens, censives, hommes, hôtes, tailles, coûtumes, oublies, corvées et rentes. L'année suivante Gautier de Villebéon, maréchal de France, seigneur de Nemours, qui possédait la haute justice sur Fonteneilles, approuve un échange consenti entre Gilles dit Lepoivre, chevalier, et les frères du Temple. En 1262 ceux-ci obtiennent de Jean de Jacleville (Jacqueville), écuyer, fils d'Ansel, moyennant 830 livres, les quatre cinquièmes de ses droits seigneuriaux sur Jacqueville et Masières, paroisse de Tousson ; cette acquisition est immédiatement confirmée par Paul de Beaumont, Drocon de Beaumont, et leurs épouses, seigneurs des fiefs. Peu après, ils y

---

(1) Les Archives nationales, à Paris, possèdent des titres relatifs à la Commanderie de Beauvais et à ses dépendances, mais une partie de l'ancien Chartrier a été dispersée à la fin du dernier siècle. Les Archives départementales de Seine-et-Marne ne conservent que quelques rares documents, peu anciens, provenant de cette Commanderie, et un précieux inventaire de titres dressé par l'archiviste Doligé, au xviii⁰ siècle.

réunirent le dernier cinquième conservé jusque-là par Malthide, sœur de Jean de Jacleville, et par Isabelle, sa mère.

En 1264, Jeanne, épouse de Pierre, sieur de Blaumont *(Albomonte)*, leur vend encore ses biens seigneuriaux de Blaumont, près Larchant, moyennant 2440 livres. Saint Louis, en signant l'acte d'amortissement, nous apprend qu'il s'agit, outre les maisons, de 104 arpents et 15 quarreaux de terre dans le gaignage de Blaumont, du droit de terrage sur 280 arpents, de 40 hostises 1[2, tenues à raison de 3 sols parisis de cens par arpent, de cens et terrages sur 115 autres arpens, de 70 sols de censives, de 6 coutumes à prendre annuellement sur 4 arpents, enfin d'un droit de justice.

L'année suivante (juin 1265) les Templiers « *de Bellovidere* » achètent de Gautier de Nemours, maréchal de France, et d'Alix, sa femme, tout ce que ceux-ci possèdent à Fargeville, paroisse d'Aufferville, c'est-à-dire une dizaine de fiefs et arrière-fiefs, le domaine des Charbonniers, plus 305 arpents de bois en la forêt de Moliserve, à Poligny, moyennant 1300 livres parisis ; cet acte est ratifié par Guillaume des Barres, seigneur de Dianz, par Aveline, sa femme, et par le roi saint Louis.

En mai 1266 Jean de Nemours, seigneur de Guèrcheville et chanoine de Tours, donne aux frères de la chevalerie du Temple, pour le repos de son âme, la 5ᵉ partie de son domaine de Guercheville.

A la même époque « l'hospital de Dormelles » s'agrandit et recueille des biens de Jean Le Hongrois, chanoine de Chartres, de Raoul Lemaire de Dormelles, qui veut être enterré dans le cimetière des Templiers, de Gillon de Bellefontaine, de Milon d'Avelly, d'Anseau de Dormelles, de Renaud de La Celle, prévôt de Vernou, de Jean et Pierre de la Forteresse, de Adam Peniers de Saint-Mamèz, qui donne aussi 7 arpents de bois aux frères de Savigny, en 1277, de Jean Grattereau de La Genevraye, etc.

Gilles Dorins de Dordives, écuyer, abandonne sa terre de Dordives à son oncle, « gouverneur de l'église du Temple de Dormelle, » et Jean de Digny lui vend ses biens de Ville-saint-Jacques (1284).

Les frères de Beauvais traitent de leur côté avec Pierre de Saint-Léon (1262), Richard et Arnoul de Rüemont (1266-79), Gautier Hatis, bourgeois de Courchamp (1280), les héritiers de Thibault de La Chapelle, Guillaume et Jean de La Coudre. Adam de Lalleu leur donne une maison à Château-Landon, rue Saint-Pellerin

(1278), et Mathieu dit Chambellan, sire de Villebéon, leur abandonne 420 arpents de bois à La Gerville. Jean de La Coudre, et Melisande, sa femme, vendent devant Simon de Soissons, prévôt de Château-Landon, au mois de janvier 1280 (c'est-à-dire 1281), au trésorier du Temple à Paris, leur maison de La Coudre entourée de murs et fossés, relevant de Bonnevau (Larchant), plus divers droits à Bonnevau et Corbeval, une vigne à Buisseau (Villiers-sous-Grès) et un pré voisin de la Maladrerie de Nemours. Quelques mois après, Pierre de La Coudre vendit à son tour aux Templiers 52 arpents de terre près de la maison de La Coudre, moyennant 200 livres parisis (1). Des lettres du prévôt de Melun, datées du mois de janvier 1281, conservées autrefois au chartrier de Beauvais, constataient l'achat de maisons et terres arables dans la censive du roi, à La Brosse, provenant de Gillet de Blennes, d'Héricy, *croisé*.

En 1282, devant le garde de la prévôté de Château-Landon, Raoul de Fromonville, écuyer, cède aux hospitaliers ses droits sur les moulins d'Ullay, auxquels Geoffroy Putier de Tremainville ajoute des censives et des terres à *Jacque-le-ville*.

Le dimanche avant la Saint-Jean 1287 Adam dit Tolart, de Larchant, reconnaît par contrat passé en présence du prévôt de Grèz, s'être *dévoué* comme frère à la maison des Templiers de Beauvais, moyennant l'abandon de son bien; Jean de Flory, de Beauvais, confesse s'être également donné corps et biens, à charge de nourriture et d'entretien.

L'année suivante, Philippe de Saint-Jean, clerc, bourgeois de Château-Landon, vend aux chevaliers du Temple ses droits seigneuriaux de Ville-saint-Jacques, tandis que Mathieu de Ville-béon les exempte du minage pour leurs héritages de Château-Landon. Par lettres datées du vendredi après la Saint-Michel 1288, le même Mathieu de Villebéon (*Villa Bayonis*), dit le Chambellan, déclare que, pour sa très-grande affection, il leur a donné tout ce qu'il possédait à La Gerville, à charge d'un anniversaire dans l'une des églises du Temple, après son décès. (*Arch. nat. S, 5170, suppl. n° 5.*)

En 1289, Godefroy de Trémainville, écuyer, reconnaît devant l'official de Sens, avoir donné aux frères de la milice du Temple sa maison et une vigne derrière « *apud Tremervillam* » avec un fief de 12 arpents au lieudit *la Motte ;* il y joint la seigneurie et la

(1) Archives nationales, S, 5168; S, 5244.

justice, mais à condition que les frères n'en jouiront qu'après sa mort. *(Arch. nat. S, 5169, suppl. n° 6.)*

Ils achètent en janvier 1290 de Robert Gaingnart, chevalier, moyennant 106 livres parisis, la maison *de la Barre,* à Château-Landon, pour accroître leur fief de Bethléem ou de Montfort, qui ne consistait qu'en cens et rente.

Peu après, leurs possessions de La Brosse-Héricy s'accroissent aussi de nouvelles acquisitions en censive de Pierre de La Brosse et de Jehan Lechot, écuyers ; mais ce domaine resta toujours assez modeste, une maison et une cinquantaine d'arpents de terre. Alors, Pierre Gaude est à la fois commandeur de Beauvais et de Dormelles, réunissant dans sa main les deux communautés. Par la suite on installa encore à Ville-Saint-Jacques, autre membre voisin, des chevaliers qui ne tardèrent pas à rentrer à Beauvais.

Ainsi s'accroissait le domaine des Templiers dans la contrée; les donations consenties pour le secours de la Terre Sainte s'élevaient dans une proportion remarquable. En même temps, les religieux avaient à suivre des procédures renouvelées avec une singulière persistance, soit que leurs richesses excitassent l'envie des seigneurs d'alentour, soit qu'eux-mêmes fussent portés à s'agrandir encore aux dépens de leurs voisins.

Nous n'avons pas à rappeler ici les phases du trop fameux procès qui, sous Philippe-le-Bel, anéantit cet ordre célèbre. Disons seulement que plusieurs chevaliers de Beauvais en Gâtinais figurent dans les pièces de l'instruction et dans les interrogatoires livrés à la publicité depuis une vingtaine d'années.

Les chevaliers de Saint-Jean de Jérusalem ou de Malte achetèrent les biens provenant des Templiers. Ces biens avaient une valeur considérable; d'après Monteil ce n'était pas moins de 30,000 manoirs, tous défendus par une haute et grosse tour. Les acquéreurs eurent à verser de ce chef une importante finance au roi, quoiqu'on prétende généralement qu'ils furent dotés de cet opulent héritage par le seul effet du concile de 1311.

La nouvelle corporation non moins célèbre que sa devancière, envoya un de ses commandeurs prendre possession de Beauvais, avec douze frères qui furent réduits à cinq, puis à trois seulement dans la suite.

Occupés exclusivement, à leur origine, du soin des pauvres et des malades, les chevaliers de Malte s'étaient armés aussi contre les infidèles. Partageant leur table frugale avec les pèlerins, soignant les malades et hébergeant les voyageurs avec dévouement et humilité, ils n'étaient pas moins dévoués lorsqu'il s'agissait de tirer l'épée pour la défense de la croix : la protection de la papauté avait été la récompense de leur zèle. Victimes de la faiblesse humaine, a dit un écrivain distingué, si les guerriers effaçaient parfois les religieux, si quelque relâche fut apportée dans la pratique austère de leurs vertus, ils donnèrent pendant longtemps l'exemple de la pureté des mœurs et de l'intrépidité dans le péril.

Plus tard, il faut le constater aussi, un grand nombre de cadets de familles nobles et même de familles princières s'enrôlaient sous la bannière de cette milice célèbre, sans trop en saisir le but charitable et chrétien, et sans songer à en partager les périlleux travaux (1) ; ils tenaient simplement à porter le titre de chevalier de Malte et à joindre la croix à leurs armes.

Les chevaliers qui s'installèrent à Beauvais nous apparaissent joignant au mérite de leurs prédécesseurs cette tradition fâcheuse qui les portait à soutenir, presque sans cesse, contre leurs voisins, des procès longs et coûteux.

Dès 1317 ils plaident contre un Jehan de La Brosse, qui transige; la même année, Philippe-le-Bel leur fait remise de huit setiers et mine d'avoine, avec 15 sols parisis et 1 denier tz. de cens à prendre sur l'*hôpital* de La Brosse.

En 1325 Guillaume Le Rat, commandeur, épuise toutes les juridictions contre les prétentions de Pierre de Campigny, prieur-curé de Grèz, à propos d'un domaine foncier, de cens et hostises sur Bonnevau et La Coudre. L'abbé de Saint-Jean de Sens, nommé pour vider le différend, donne gain de cause à Guillaume Le Rat.

Quarante ans plus tard, une affaire criminelle fit mettre sous la main du duc de Valentinois la haute justice des hospitaliers à Ville-Saint-Jacques; un homicide avait été commis et la malignité publique accusait des religieux de Dormelles, mais le prévôt de Moret les déclara innocents et ordonna la main-levée de la saisie induement pratiquée. (Inv. de Beauvais, folio 220).

Vers le même temps aussi se présente un fait que nous ne pouvons omettre.

Les hospitaliers devaient au roi de France des sommes importantes, notamment d'anciennes redevances des Templiers dont ils avaient été chargés de poursuivre le recouvrement. A plusieurs reprises, pour ces dettes, Philippe-le-Long fit saisir les revenus des hospitaliers qui avaient dû réparer la plupart des fermes et

(1) M. J. Chautard. Notice sur le chevalier d'Aumale ; Nancy, 1872.

des églises provenant des Templiers ; ils venaient aussi de prendre Rhodes et devaient faire des dépenses considérables pour fortifier cette île. Charles VI, parvenu au trône, comprit leur gêne et leur proposa en 1325 de constituer sur sa tête et sur celle de la reine une rente viagère de 1,200 petits tournois pour s'acquitter ; afin de garantir cette transaction, les frères déléguèrent au roi les revenus de plusieurs Commanderies, — celle de Beauvais entre autres.

A peine le traité fut-il conclu que de nouvelles difficultés surgirent. Le xvᵉ siècle était proche. Les guerres intestines, fatales à la plupart des communautés, n'épargnèrent pas l'ordre de Saint-Jean de Jérusalem, qui eût toutefois l'avantage de se relever promptement de ses souffrances, grâce à l'appui efficace de la cour de Rome. Les chevaliers s'étaient montrés tout dévoués à la papauté, pour les récompenser le pape Innocent VIII leur attribua de sa propre autorité les biens de l'ordre de Saint-Lazare, supprimé sans consulter le grand maître ni le roi de France (1490). La bulle du pape, il est vrai, fut annulée dans la suite par un arrêt du parlement (1547), mais le coup était porté et Malte sut en profiter habilement.

Le 27 juillet 1476 le commandeur de Beauvais échangeait la terre de Jacqueville avec Jean Le Boulanger, chambellan du roi et premier président au parlement de Paris, contre la seigneurie de Maurepas (à Blennes). Louis XI amortit cet échange le 21 novembre de l'année suivante.

De 1507 à 1516, on suit la trace d'une longue procédure relative à 172 arpents de bois appelés La Borde-Gastesel, à Féricy, que dom Macé, abbé de Barbeau, et les chanoines de la Sainte-Chapelle de Paris contestaient au commandeur de Beauvais. Ce dernier ne paraît pas avoir obtenu gain de cause, car en donnant à ferme 15 ans plus tard l'hôpital de La Brosse avec les terres d'alentour, sur Héricy et Féricy, il ne se trouve plus que 30 à 40 arpents, qu'il loue moyennant 2 muids 6 setiers de blé et un porc gras valant 3 l. 10 sols.

Après avoir cédé à Adrien de Villiers leur terre de Genouilly, les hospitaliers en reprirent possession le 5 juin 1574, sur Prégent Popine, sieur de Frolle, et Jeanne de Villiers, sa femme, veuve en première noces de P. Raulin.

En 1614, la chambre établie par le roi pour la réformation générale des hôpitaux et maladreries de France constata qu'à La Brosse, membre dépendant de la commanderie de Beauvais, « de la vénérable langue de France, » et malgré l'appellation qui avait prévalu dans les titres, il n'existait point d'hôpital.

Depuis longtemps déjà, Ville-Saint-Jacques, Dormelles, Fourches n'avaient plus de frères en résidence. Le commandeur La Motte-Houdancourt, en 1673, fit cependant réparer les chapelles Saint-Eloi de Ville-Saint-Jacques et Saint-Blaise de Fourches; en 1674, le prieur-curé de saint Jean de Nemours fut autorisé à célébrer la bénédiction de ces édifices relevés et rendus dignes du culte.

Par acte du 16 avril 1695, le commandeur Louis de Fleurigny cède par échange à M. de Caumartin les seigneuries de Ville-Saint-Jacques et Dormelles, à charge d'une rente annuelle de 1,000 l. à employer en acquisition d'une terre de pareil revenu ; à cette époque existait encore au territoire de Dormelles « la chapelle de l'hôpital, au milieu d'une grande pièce de terre (120 arp.), avec mâsures et vieux vestiges de colombier. »

Enfin en 1736, un autre échange avec M. Lallemant de Betz réunit à la Commanderie une ferme sise à Bonnevau, et enleva du domaine des chevaliers de Saint-Jean de Jérusalem 86 arpents de terre et bois à Nanteau.

A diverses reprises, dans le cours des deux derniers siècles, les contestations presque incessantes dont nous avons parlé se réveillèrent plus ardentes entre les hospitaliers de Beauvais et leur voisin le prieur-curé de N.-D. de Grèz, qui revendiquait toujours quelque droit, quelque dîme, quelque héritage dont sa cure se trouvait dépouillée.

En 1630 le prieur Pierre Le Rocquais se vit débouter de ses prétentions, et ses successeurs ne furent guère plus heureux. En 1686 pourtant, François Duboys, prieur-curé, soutenait encore à propos de dîmes sur un canton de 800 arpents de sables, une de ces instances, terminée par une transaction le 4 septembre 1687 ; ce qui n'empêcha pas Nicolas Tournay, chanoine régulier de Prémontré, l'un de ses successeurs, de s'adresser aux tribunaux pour obtenir sa part des dîmes de la paroisse.

Les commandeurs plaidèrent pendant tout le xviiie siècle contre les curés de Châtenoy, qui ont confié leurs doléances aux registres paroissiaux. Le 11 juillet 1719 Eustache Dumoustier, curé, obtint arrêt au Grand-Conseil, pour les vertes et menues dîmes, contre Guillaume de La Salle, commandeur; celui-ci ne s'en tint pas là, et le successeur d'Eustache Dumoustier se plaint à son tour « des vexations qu'il supporte. » Il lui faut revenir du Conseil d'Etat au bailliage de Nemours, puis aller en appel au Parlement : l'ordre de Malte est condamné, mais on lui enlève néanmoins la dîme; des soldats gardes-suisses s'en mêlent et frappent le malheureux prêtre. « Dieu sait, écrit-il sur son registre de baptêmes de 1744, Dieu sait ce que j'ai souffert et ce que je souffre encore pour soutenir un tel procès ; il a été obtenu des arrêts cruels contre moi, qui ont été exécutés avec la dernière cruauté... »

Les commandeurs, les curés de Châtenoy se succèdent, et les sentences continuent toujours... Condamné encore en 1745 à 4,000 livres de restitution, le commandeur interjette appel. Il est puissant, les paroissiens se rangent de son côté et le pauvre curé constate encore sur ses registres qu'aucun procureur ne veut occuper pour lui, que le lieutenant général et les officiers du bailliage ne veulent pas l'écouter. « Point de justice en ce monde ! écrit-il désespéré, — mes paroissiens eux-mêmes regrettent de ne pouvoir payer la dîme aux chevaliers de Malte et ils n'en payent point du tout. Ils jurent contre leur curé d'avoir formé procès contre le commandeur à qui ils veulent que cette dîme soit due et non à leur b... de curé. » (Reg. par. de 1743).

A partir de 1784 c'est contre André-François Le Petit, conseiller du roi et seigneur de Nanteau-sur-Lunain, que plaide le commandeur Texier d'Hautefeuille, à propos de certains droits féodaux ; la révolution mit fin à ce procès en faisant disparaître l'ancienne Commanderie.

Les religieux militaires n'avaient plus qu'un pied-à-terre à Beauvais depuis le milieu du xviiie siècle. La communauté n'existait plus de fait, et dans les baux de la Commanderie on se contente de réserver les chambres de maître du premier étage de la ferme, avec la place convenable dans l'écurie pour loger les chevaux lorsque quelqu'un de l'ordre vient à Beauvais. Le locataire était tenu à l'entretien du luminaire de la chapelle et à l'acquit des trois messes d'obligation par semaine (1). Dès 1733, nous voyons que ce sont les Pères Récolets de Nemours qui desservent la chapelle de la Commanderie, moyennant 150 livres et 200 fagots (2).

Lorsqu'on vendit nationalement le domaine de Beauvais, avec les terres d'alentour et 740 arpents environ de bruyères et de

---

friches, sans valeur, les mêmes conditions étaient toujours imposées au fermier (1). C'est M. Lefebvre de La Boulaye, ancien notaire à Paris, qui acquit le tout au district de Nemours, le premier thermidor an IV, moyennant 29,337 livres 6 sols.

IV.

A l'époque où le féodiste Jacques-Adrien Doligé dressa l'inventaire des titres du chartrier de Beauvais (2), — travail qui nous a fourni d'utiles renseignements, à défaut des titres eux-mêmes, — le chef-lieu de cette Commanderie se composait « d'un manoir seigneurial avec ses aisances, fermes et dépendances. » Cette description de 1758, comme on voit, est assez vague. Dom Morin, un siècle plus tôt, dans son Histoire du Gâtinais (1640), signale « plusieurs beaux et antiques bâtiments, » plusieurs cours, dont une de trois quarts d'arpents toute environnée de logis. Il y avait là une ferme de 908 arpents 91 perches de terres labourables, plus 103 arpents de bois.

Nous ne saurions dire quel degré d'intérêt l'église de la Commanderie offrait un point de vue architectural ; ni les renseignements consignés par dom Morin, ni le procès-verbal dressé au district de Nemours pour la vente nationale ne nous instruisent suffisamment à cet égard. Toutefois, on sait qu'elle remontait au XIII° siècle, comme celle de la paroisse de Grèz, et il est permis de penser qu'elle n'était pas dépourvue de caractère. L'église Notre-Dame de Grèz, dont la tradition populaire attribue l'édification à la reine Blanche, comme pour le château voisin, — appartient à une intéressante époque de transition ; les baies cintrées de la nef, la variété de dessin des chapiteaux, les modillons à têtes grimaçantes, les tores zigzagués des portails dénotent le faire de 1200 à 1220. A côté de ces détails il est facile de remarquer que la voûte de la nef a été refaite à la Renaissance, et celle de la petite nef, sans arceaux, à une époque postérieure. La tour basse adossée au portail, malgré son escalier en encorbellement, est une des parties anciennes de l'édifice.

L'église de la Commanderie, dédiée à saint Éloi, était longue d'une centaine de pieds et large de trente, au rapport de Louis

(1) Bail au profit de Jean-François-Guillaume Bouvery, receveur de la Commanderie, y demeurant, devant Jollivet, notaire à Nemours, le 4 mai 1786.

(2) Manuscrit, petit in-f° de 243 feuillets ; — Arch. de Seine-et-Marne, série H, 687.

Michelin (*Essais historiques sur le département de Seine-et-Marne*). Dom Morin dit qu'elle mesurait de la porte au chœur vingt pas de long et huit dans sa largeur ; qu'elle était fort bien construite, séparée en nef et en chœur, où l'existence de chaires de part et d'autre prouvait, selon lui, que les chanoines de Saint-Jean de Latran l'avaient desservie.

Le sol était couvert de tombes plus ou moins ornées. Dans le chœur on lisait, autour d'une de ces pierres tumulaires. « *Hic jacet Galterus ...situs (prepositus) de Nemosis, dictus Neogemanus.* »

Plusieurs sépultures consacrées à la mémoire des commandeurs avec l'image des défunts, revêtus du manteau blanc à la croix rouge, existaient encore à la fin du xviiie siècle ; Dom Morin a cité celles de Jacques de Censiers (*sic*), mort en 1372, d'Antoine de Chalmaison, mort vers 1554, de Nicolas Durand de Villegagnon, l'un des plus célèbres membres de l'ordre, mort en 1571. Cette dernière dalle funéraire portait l'inscription suivante : « Cy gist noble et religieuse personne Frère Nicolas Durand, en son vivant seigneur de Villegagnon, chevalier de l'ordre de Saint-Jean de Hierusalem, commandeur de Beauvais, lequel décéda le neuvième jour de janvier 1571. »

Nous avons vu ailleurs, à Rampillon, à Châteaubleau, à La Croix-en-Brie, par exemple, des tombes de Templiers et de chevaliers de Malte, simples pierres où se trouve gravée la croix latine et rien de plus. Si la règle, comme on l'a souvent rapporté, défendait aux humbles hospitaliers de placer des inscriptions sur le lieu de leur sépulture, nous pouvons remarquer en passant, à notre tour, que cette règle n'a pas été rigoureusement observée par les commandeurs de Beauvais. D'ailleurs ce suprême degré d'abnégation, cet excès d'humilité s'accordent assez mal avec la réputation d'orgueil laissée par les Templiers aussi bien que par leurs successeurs, et dont Monteil n'a pas oublié de faire mention (xive s. épitre xxvii).

Suivant un ancien registre conservé jadis à la chancellerie du Grand-Prieuré de France et cité par l'auteur de l'inventaire manuscrit où nous avons souvent puisé, les revenus de la Commanderie de Beauvais et de ses membres s'élevaient en 1373 à 529 livres 2 sols 8 deniers ; les charges comprenant réponsions, aumônes, nourriture et entretien du commandeur, de deux frères et d'un donné, montaient à 536 livres 10 sols. En 1495, après les guerres du xve siècle, Beauvais ne rapportait plus que 180 livres. En 1548 le bail général des mêmes revenus rapportait 2,000 livres, en 1575 4,000 livres plus les faisances ; en 1589 et 1594, un religieux de l'ordre, François-Jean Boullet, qui fut tour à tour commandeur de Saint-Samson de Douay et de Valcanville, prenait ce bail pour 1,200 écus d'or, outre les charges. En 1642, Beauvais rapportait 5,817 livres par an, 7,500 livres en 1695, 8,500 livres en 1733, et 19,650 livres en 1787.

Parmi les dépendances de cette maison se trouvaient à la fin du xv° siècle un hôtel à Nemours, près du château, plusieurs maisons en la grande rue de la même ville, « tirant des halles au château, » l'une d'elles assise sur les fossés mêmes. Le commandeur percevait des droits seigneuriaux et des dîmes dans la plupart des paroisses voisines : les deux moulins d'Ullay lui appartenaient, l'ermitage Saint-Blaise de Fourches, paroisse du Vaudoué (qu'il affermait), les hôpitaux de Ville-Saint-Jacques et Dormelles, les granges dîmeresses et champarteresses de Maison-Rouge, les champarts de Blaumont, les dîmes de Châtenoy, cinq fiefs à Rumont, le fief du Ménil, à Chenou, le fief de la Vache, la grande et la petite Coudre (266 arpents) à Larchant, etc.

Nous voyons figurer du xv° au xviii° siècle, comme membres dépendant de Beauvais : les fiefs de Blomont, Bonnevau, Trémerville et la Coudre à Larchant, les terres et seigneuries de Jacqueville, Fargeville, les Charbonnières (à Poligny), La Gerville, l'hôpital de Fourches, au Vaudoué, celui de Château-Landon, le temple de Dormelles, la maison de La Brosse, Nemours, Lazeroy, les Rogeats, Vougoulay, Fromonville, Ulay, Grèz, Aufferville, Morville, Châtenoy, la Malosse, Genouilly, à Bransles, le Mesnil, Bethléem à Château-Landon, Montfort, Bouchereau (à Rémauville), Molicerf, le fief Saint-Michel d'Effondré, Fonteneilles, Thomery, Souppes, Ville-Saint-Jacques, Chaintreaux, La Cuillère, etc.

Un mesurage des biens de la Commanderie, que fit dresser Jacques de La Mothe-Houdancourt au xvii° siècle, comprenait encore les fermes de Maurepas, de Bouy (à Boissy-aux-Cailles), les terres d'Ormoy et Dormelles, l'hôpital de La Brosse, les terres et bois de Moliserve, les bois des Piqueliers à La Gerville, etc.

V.

La Commanderie de Beauvais, comme la plupart des maisons appartenant aux ordres nobles, religieux et militaires, eût à sa tête des personnages distingués, quelques-uns du pays même de

Brie et de Gâtinais; nous en donnons ci-après la liste chronologique qui terminera cette imparfaite monographie.

COMMANDEURS DE BEAUVAIS EN GATINAIS.

§ 1ᵉʳ ORDRE DU TEMPLE.

1. Frère SIMON, 1260.

Au mois de novembre 1260, il échange des biens avec Gille de L'Epinay. (*Inventaire manuscrit de 1758, conservé aux Archives départementales de Seine-et-Marne; H. 687, folio 152.*)

En juin 1263, du temps de fr. Simon, frère Humbert de Péraut, commandeur des maisons du Temple en France, échangea aussi des biens, au nom des templiers de Dormelles, avec l'abbaye de Roset. *(id. f° 212.)*

2. Fr. THIEBAULT, 1272.

Le 19 octobre 1273, Robert dit Corbellon, d'Espizy, et Aveline, sa femme, vendent pardevant le prévôt de Château-Landon divers immeubles à frère Thiebault, commandeur de Beauvoir, moyennant 40 liv. 10 s. (*Invent. cité, f° 88*).

3. Fr. RAOUL, 1289.

Lettres du prévôt de Grèz, datées de juillet 1289, pour un échange avec Geoffroi Putiers de Tremeville, écuyer. (*Invent. cité, f° 83*).

En septembre 1292, on trouve Henri de Villiers « chapelain de la maison des Templiers de Beauvais. » (*id. f° 84*).

En juillet 1293, Guillaume de Voys, official de Reims, vend aux Templiers ses biens de la Ville [St-Jacques] près Flagy, mais c'est Jean de Tours, trésorier du Temple à Paris, qui conclut cette acquisition. (*id. f° 217*). Pourtant, fr. Raoul est encore cité à la même date. (*id. f° 105*).

4. Fr. PIERRE GAUDE, 1299.

Transige avec Guillaume dit Marniau, doyen de Tavers, et sa femme. (*id, f° 218*).

En 1305, il revendique la haute justice de Genouilly contre le bailli de Sens, et prend le titre de commandeur de Beauvais et de Dormelles. (*id*).

§ 2 ORDRE DE SAINT-JEAN DE JÉRUSALEM.

5. Fr. Guillaume le Rat, 1325.

En 1324 il est cité comme gouverneur de l'hôpital de Dormelles, (*Inventaire de 1758, f° 219*); en 1325, le 5 mai, il transige en qualité de commandeur de Bauvais, avec P. de Campigny, prieur-curé de Grèz au sujet de droits seigneuriaux sur Bonnevau (Larchant), la Coudre, etc. (*Arch. de Seine-et-Marne, H, 687, f° 57.*) La même année, il plaide contre le procureur du roi et la reine Clémence, sœur de Sa Maj., pour conserver sa haute justice de Bouchereau (*Inventaire cité, f° 133*). A la Toussaint 1330, Guillaume Le Rat est encore à « Beauvoir. » (*Procès verbal de Jean Lullier, de Château-Landon; id. f°, 134.*)

Le frère de ce commandeur, — Simon Le Rat, était à la même époque grand prieur de France ; en considération des services que lui a rendus, ainsi qu'à son ordre, maître Geoffroy du Boisson, clerc de Nemours, Simon Le Rat, « prieur de la maison de l'hôpital de St-Jean de Jérusalem en France, » accorde à ce clerc l'amortissement de deux arpents de vigne, tenus en censive de la commanderie de Beauvais, au lieudit Vaugoulay. Les lettres d'amortissement ont été signées au chapitre général tenu à Corbeil en juin 1325. (*id*).

6. Fr. Jean de Duyson, 1351.

Nommé Duyn et J. de Duisen, dans diverses pièces de procédure. (*id*).

C'est Jean de Duyson qui devint commandeur d'Avalterre (Belgique) en 1357 et de St-Marc d'Orléans en 1355, puis grand-prieur en 1359.

7. Fr. Jacques de Cerisiers, 1369.

Et non de Censiers, comme l'appelle Dom Morin, historien du Gâtinais. Ce commandeur est mort le 11 avril 1372 à « Dormelles l'hospital, » il a été enterré à Beauvais. L'inscription de sa tombe lui donnait le titre de « maître des bois et eaux de l'hôpital au pricuré de France. »

Jacques de Cerisiers était commandeur de Baudelu en 1355. Dans un aveu qui lui est présenté le 22 juillet 1369, son nom est ortographié Serisiers (*Inventaire cité, f° 90*).

8. Fr. Philippe Evrat, prêtre, 1373. *Aliàs* Evrart.

C'est lui qui afferma les revenus de Beauvais et des membres en dépendant, pour une somme de 529 l. 2 s. 8 d. (*id*).

9. Fr. Robert de Masinguehen, 1388.

D'une famille flamande; il reçoit plusieurs aveux et dénombre-
ments (*Inventaire cité, f° 221*); une quittance du 5 octobre 1406, le
qualifie commandeur de la Baillie de Beauvais (*id. f° 42*). En 1396
il ajoute à ce titre ceux de commandeur de l'hôpital de Dormelles
et procureur de MM. de St-Jean de Jérusalem (*id. f°, 153*) ; en
1410 et 1415, « le chevalier de Masinguehan » passe encore plusieurs actes relatifs à Beauvais (*id. f° 148*).

9 *bis*, N.....

10. Fr. Odinet Mangot, 1449-81, *aliàs* Oudin Mangot.

D'une ancienne maison, qui devait plus tard fournir un garde
des Sceaux. Armes : « *d'azur à trois éperviers d'or, chaperonnés,
grillés et longés de même, 2 et 1.* »

Le 14 octobre 1449 Odinet Mangot fait dresser un censier de
sa Commanderie (*Inventaire, f° 242*). Il achète, le 25 juillet 1477,
une place à Nemours, devant le château, tenant à la grange du
commandeur (*contrat devant J. Dumés, substitut juré du notaire
de la prévôté de Nemours ; Arch. Nat.*).

En 1458, le fr. Mangot tout en conservant Beauvais, fut en même
temps doté de la Commanderie d'Orient (Aube).

11. Fr. Pierre Darthois, 1484.

12. Fr. Jean de Bourbon, 1485.

En 1487, le grand-prieur Emery d'Amboise l'aide à rentrer dans
certains droits appartenant à sa Commanderie de Beauvais; — le
22 novembre 1489, Jean de Bourbon achète de Jean Fourquier,
de Moret, une île attenant au moulin d'Ulay, moyennant 100 sols
tournois; et la même année, il donne à bail emphytéotique
divers héritages à charge de les défricher. En 1491-95 il com-
paraît à la rédaction de plusieurs contrats, avec Pierre Herre, son
chapelain. (*Inv. de 1758.*)

Jacques de Bourbon qui devint grand-prieur de France (1536)
était neveu de ce commandeur.

13. Hugues de Brunefay-Quincy, 1499.

D'une famille Briarde en possession des terres de Quincy et la
Courouge, près Provins, il avait été reçu chevalier dès 1498 et
fait commandeur la même année.

Armes : « *d'argent à la fasce de gueules, le canton dextre chargé d'un écusson bandé d'argent et de gueules.* »

Au mois d'octobre 1498, c'est le chevalier Guy Le Picart qui loue les terres des Commanderies de Beauvais et de Dormelles, en qualité *d'administrateur ;* l'année suivante, Hugues de Brunefay donne à bail l'*hostel* de Beauvais, avec 200 arpents de terres labourables, à Jean Mauny, laboureur à La Joye Notre-Dame-lèz-Nemours. En 1500, le commandeur laisse pouvoir à son frère « Regnault de Brunfay, » de passer les contrats en son absence (*Inventaire cité*).

Un membre de cette famille qui, alors, possédait Ormeaux et Fontenailles en Brie, — Esprit de Brunefay-Quincy, se retrouve en 1555 dans l'ordre de Malte.

14. Fr. JEAN DU MESNIL-FAY, 1503-1504.

Avait été reçu chevalier de Malte au chapitre tenu en 1484.
D'une famille des environs de Beauvais en Picardie.

15. Fr. JEAN DE CUVILLIER, 1504.

De la famille des Pestivien de Cuvillier, au diocèse de Soissons.
Armes : « *Vairé d'argent et de sable.* »

16. Fr. ADAM DU FAY, 1507.

De la même famille que Jean du Mesnil-Fay, qui précède.
Armes : « *d'argent semé de fleurs de lys de sable.* »
Les 2 juin 1508 et 5 avril 1510 ce commandeur passe plusieurs contrats importants, pour l'accroissement de revenu de la terre de Beauvais.

16 bis. Fr. JEAN DU FAY, reparaît en 1512 (*Inventaire déjà cité*).

Il est mort sans-doute en 1515, car à cette date et en 1516 fr. Jacques de Saint-Marry, commandeur d'Ivry-le-Temple, est qualifié « administrateur » de la Commanderie de Beauvais (*Inv. id. f° 193.*)

En 1520 encore, Denis de St-Marry, seigneur de Guercheville, renonce à un bail consenti par le chevalier de Fay, et cette renonciation est acceptée, en même temps qu'un nouveau bail est conclu par fr. Charles des Ursins, commandeur de Saint-Jean de Latran, bailli de la Morée, par François de Bourdon, prieur de St-Jean-en-l'Ile, et Jérôme de Homblières, commandeur de Chantereine, commissaires députés par le chapitre provincial.

17. Fr. Jean de Villiers, 1525.

D'une famille locale qui portait : « *d'azur à trois croissants d'argent*, » et qui a fourni un grand maître de l'ordre, Philippe de Villiers, lequel défendit Rhodes avec courage et mourut à Malte le 21 août 1534.

Les Villiers-l'Ile-Adam étaient une branche des seigneurs de Livry, Chailly, Milly en Gâtinais, etc.

Vertot (histoire de Malte) cite à tort Jean de Villiers, avec le titre de commandeur de Beauvais, en 1544 ; dès 1539 il était remplacé par le suivant.

18. Fr. Philippe de Proisy.

Gentilhomme Picard. Armes : « *de sable à trois lions d'argent.* » En mars 1539 il vend la coupe des bois de Moliserve; en 1548 il afferme les revenus de Beauvais moyennant 2,000 livres. (*Inv. de 1758*).

Philippe de Proisy mourut au commencement de 1549. Le 20 septembre de la même année, fr. Charles de Hangest, procureur et receveur du trésor du grand-prieuré de France, donne à loyer *pour l'année du vacant* les revenus de Beauvais ; l'une des conditions du bail est de faire célébrer 3 messes par semaine dans la chapelle de la Commanderie. (*Contrat devant Mathurin Vaux, notaire à Grèz ; — Archives départementales, H. 687*).

19. Fr. Antoine de Challemaison, 1551.

De l'ancienne famille seigneuriale de Balloy. Armes : « *d'argent à la fasce d'azur, chargée d'une rose d'or, cotoyée de deux étoiles de même.* »

Reçu chevalier en 1528, Antoine de Challemaison était commandeur de Saint-Marc d'Orléans en 1544 ; il comparut en 1552 à la rédaction de la coutume de Sens, pour la terre de Châtenoy, et en 1552-54 fit dresser un terrier de sa Commanderie de Beauvais.

Il a été inhumé dans l'église de Beauvais, mais Dom Morin (hist. du Gâtinais) qui cite l'inscription de sa pierre tumulaire avec la date de 1552 se trompe évidemment. Outre l'erreur que commet le studieux bénédictin en le nommant « Antoine de Chalemans, » il est certain que le 6 juin 1554 Antoine de Challemaison loue les moulins d'Ullay, devant Barthélemy Thévenon, substitut-juré du notaire de Grèz (*Inventaire cité, f° 36*), et, le 22 août suivant, les droits seigneuriaux que la Commanderie de Beauvais possède à Blaumont (*id. f°˙ 52, 168*).

En 1557, le 12 août, Jean de Challemaison, prêtre, donne encore à bail, comme mandataire de Antoine de Challemaison, commandeur de Beauvais, la seigneurie de Ville-Saint-Jacques (*id. f° 236*).

D'après Dom Morin, ce commandeur aurait composé un livre de controverse contre les hérésies de Calvin.

20. Fr. Nicolas Durand de Villegagnon.

Né à Provins, vers 1510, fils de Louis Durand, conseiller du roi, seigneur de Villegagnon, lieutenant ordinaire du bailli de Meaux au siége de Provins et marguillier de la paroisse Saint-Pierre de cette dernière ville, Nicolas Durand était un ami et un condisciple de Calvin. Entré en 1531 dans l'ordre de Malte, grâce à la protection de son parent Villiers de l'Ile-Adam, qui devint grand-maître après avoir été commandeur à La Croix-en-Brie, il s'est distingué parmi les plus valeureux chevaliers et s'est fait encore une réputation comme voyageur et comme écrivain controversiste. Un de nos confrères, M. Auguste Lenoir, lui a consacré une intéressante notice (Provins 1866).

Villegagnon mort le 9 janvier 1571, a été inhumé à Beauvais en Gâtinais, où Dom Morin a vu son épitaphe. Il était échanson ordinaire du roi.

On le voit figurer dans les titres de cette Commanderie de 1561 à 1570.

Les armes de sa famille étaient : « *d'argent à trois chevrons de gueules, accompagnés de trois croix recroisettées et au pied fiché de sable.* »

21. Fr. Jean de Cuvillier de Coussy, 1570.

Chevalier dès 1541, il portait : « *de gueules à la bande d'or, brisée en chef d'un lion d'azur.* »

En 1569 on le trouve commandeur de Slype (Belgique).

Le 11 février 1570, il donne à loyer les dîmes d'Ormoy, Aufferville et Morville, devant Jean Leblanc, notaire royal à Nemours. (*Inventaire manuscrit de 1758, f° 120*).

22. Fr. André de Soessons de Pothières.

De la famille seigneuriale de Villeneuve-la-Lionne, Gastins et Pécy en Brie. Reçu chevalier en 1547, dès son bas-âge, il porta les titres de lieutenant du grand-prieur de France et de commandeur de Beauvais de 1574 à 1585.

Armes : « *d'argent à deux fasces de sable surmontées d'un lambel de même.* »

En 1574 il plaida contre les héritiers du commandeur J. de Villiers pour rentrer en possession de la terre de Genouilly (*Inventaire, f° 140*), et l'année suivante contre Anne de Piseleu, duchesse d'Etampes et dame de Bransles, pour soutenir la banalité du moulin de ce village en faveur des chevaliers (*id. f° 142*).

De 1576 à 1585 il fait dresser un terrier, et, en 1588, il est qualifié commandeur de Boux et Merlan (*id. f° 84*).

En 1589, André de Soessons fut pourvu du prieuré-cure de Pecy et en 1593 de la Commanderie de Boncourt ; il mourut fort âgé, revêtu de la dignité de chanoine de Courpalay, près Rozoy en Brie. Il a été inhumé dans l'église de Pecy le 7 mai 1627. (*M. l'abbé Denis, notice historique sur Pecy, p. 14*).

23. Fr. ALOF DE VUIGNACOURT, 1586.

D'une famille noble du Beauvoisis, neveu d'Adrien de Vuignacourt, grand maître de l'ordre de Malte, il a été reçu chevalier en 1565 et est devenu lui-même grand maître.

Armes : « *d'argent à trois fleurs de lys au pied coupé de gueules, surmonté d'une lambel de sable.* »

D'abord commandeur particulier *de l'hôpital de Ville Saint-Jacques-lès-Dormelles* (1575-1579), il administre les biens dè son bénéfice par l'intermédiaire de son frère Joachim de Vuignacourt, gentilhomme ordinaire du roi. Devenu commandeur de Beauvais en 1586, il poursuivit pendant plusieurs années son prédécesseur, pardevant les supérieurs de Malte, pour avoir aliéné certains droits et laissé s'amoindrir les biens de sa Commanderie. (*Inventaire cité, f° 85*).

Le portrait d'Alof de Vuignacourt a été gravé par Cars. D'après le P. Anselme, et par suite d'une confusion entre ces divers personnages, Joachim de Vuignacourt, sieur du Lys, qui épousa Marie de Villiers, dame de Livry, Chailly et Montigny-sur-Loing (1578) serait à son tour devenu grand maître de Malte.

24. Fr. FRANÇOIS HEU, 1589.

Afferme les revenus de Beauvais au fr. Jean Boullet, moyennant 1,200 écus d'or par an ; en 1593, il loue la ferme de Genouilly et vend la coupe des bois de sa Commanderie. (*Inventaire cité*).

25. Fr. CHARLES DE GAILLARBOIS-MARCOUVILLE, 1593.

D'une famille du diocèse de Rouen ; reçu chevalier en 1570, il portait : « *d'argent à six tourteaux de sable, 3, 2 et 1,* » et se trouvait en même temps à la tête des Commanderies de Beauvais, de Sainte-Vaubourg et de Villiers-lès-Bailleul. Plus tard il obtint celles-de Villiers-le-Temple et d'Ivry (1614).

28 mai 1593, bail de la métairie de la Coudre, à Jean Miger.

22 mars 1594, vente de la coupe des bois taillis de Moliserve. (*Inventaire cité, f°ˢ 77, 129*).

26. Fr. Claude de Lenharé de Tiercelieu, 1594.

, D'une famille qui possédait des biens à Montceaux-lès-Provins et Gastins, il était entré dans l'ordre de Malte en 1579. Armes : *d'argent à deux bandes de sable.* »

Au mois de mai 1594, Claude de Lenharé administre Beauvais et donne pleins pouvoirs à noble homme Hercule d'Anglaze, sieur de Saint-Girons, de passer des baux en son absence. Déclaré exempt du ban et de l'arrière-ban (1597), il habite ordinairement Paris. Il loue en 1601 plusieurs membres dépendant de Beauvais, « où avaient autrefois résidé des chevaliers hospitaliers, » et charge Vincent Amyot de rendre, comme prévôt et juge-maire, la justice en son nom. — Vincent Amyot dans une requête (1603) expose « qu'il a exercé pendant 30 ans l'office de greffier à Bonnevau, pour les commandeurs, et qu'il n'y a pas gagné trois écus. » (*Inventaire cité, f° 68*).

27. Fr. François du Mansel de Saint-Léger, 1614.

Aliàs Dumancel Saint-Léger (bail du 15 septembre 1615). D'une famille du diocèse de Chartres. Reçu chevalier en 1588, il portait : « *écartelé au 1ᵉʳ et au 4ᵉ d'argent, à la croix de gueules, chargée de cinq coquilles d'argent; aux 2ᵉ et 3ᵉ de sinople, à trois molettes d'éperon d'or.* »

Ce commandeur avait orné l'église de Beauvais d'un tableau d'autel représentant N.-D., où le donateur était figuré les mains jointes, avec un chapelet et son épée au côté. (*Dom Morin, histoire du Gâtinais*).

Il passa en 1621 à la tête de la Commanderie de Boncourt.

28. Fr. Jean de Mydorge, 1621.

Originaire de Paris, reçu chevalier en 1598. Armes : « *d'azur au chevron d'or, accolé de trois épis d'orge de même.* »

Le 23 juin 1621, il concède la chapelle de Saint-Blaise de Fourches à Julien Bardenne, ermite de l'ordre de saint Antoine, pour y finir ses jours selon Dieu, et avec permission de bâtir à l'entour.

Le 26 juillet 1626, il loue la Commanderie de Beauvais et ses revenus à Jean Lamy, gendarme de la compagnie du maréchal de La Chastre, demeurant à Roziers, paroisse de Poligny (devant Sauvegrain, notaire à Chaintreaux). (*Inventaire cité*).

29. Fr. Louis de Perrin du Bus, 1629.

Originaire de Beauvais, reçu chevalier de Malte en 1602. Armes : « *de gueules à la bande d'or chargée de trois lions de sable.* »

Au mois de novembre 1629, il loue les terres de la Commanderie de Beauvais ; en 1636 il afferme les bâtiments de Beauvais « où il y a colombier, » à charge notamment d'acquitter les 3 messes basses qui se disent chaque semaine en la chapelle du lieu, ainsi que les jours de la décollation de saint Jean-Baptiste et de saint Eloi.

Le 9 décembre 1642, Louis du Bus loue les revenus de sa Commanderie pour 5,817 l. par an ; le locataire doit en outre fournir le gros dû à l'abbesse de La Joye-lès-Nemours (3 setiers de froment, autant de seigle) sur la ferme de Blosmont.

En 1651, il signe encore des contrats en sa qualité de commandeur. (*Inventaire cité, f°s 143, 144, etc*).

30. Fr. Joachim de Challemaison, 1655.

De la même famille que Antoine, nommé plus haut. Reçu chevalier en 1611 ; armes : « *d'argent à la fasce d'azur, chargée d'une rose d'or cotoyée de deux étoiles de même.* »

Le 20 mai 1655, c'est lui qui loue les moulins d'Ullay à Léger Durand, devant Débonnaire, notaire à Nemours. (*Inventaire, f° 38*).

On le retrouve en 1663 commandeur de Coulours.

31. Fr. Charles de Gourmont de Gié, 1661.

Du diocèse de Coutances ; admis dans l'ordre de Malte le 10 octobre 1622. Armes : « *d'argent au croissant de sable, au chef de gueules, chargé de trois roses d'or.* »

32. Fr. Jacques de La Mothe-Houdancourt, 1665.

D'une famille illustre du Beauvoisis. Né en 1611, reçu chevalier le 17 novembre 1625, il devint à la fois commandeur de Troyes, de Beauvais, et maréchal des camps et armées du roi.

C'était le cinquième fils de Philippe de La Mothe, sieur d'Houdancourt, Sacy etc., et de Louise-Charles du Plessis-Piquet, sa 3° femme.

Armes : « *d'azur à la tour d'argent, écartelé d'argent, au levrier rampant de gueules, accolé d'or, accompagné de trois tourteaux de gueules, surmonté d'un lambel de même.* »

Jacques de La Mothe s'est distingué au siége de La Rochelle, où il eût les deux jambes coupées à la tête des brigantins qu'il commandait, et au siége de Privas, où il eût un bras cassé. Il est mort le 15 juin 1693, laissant un fils naturel, Jacques de Mas, qui lui survécut jusqu'en juin 1707. (*Le P. Anselme, dict. hist.*).

33. Fr. Louis de Fleurigny-Leclerc, 1694.

D'une famille de Sens, qui portait : «*écartelé au 1ᵉʳ et au 4° de sable à trois roses d'argent, au pal de gueules brochant sur celle de la pointe* (qui est Leclerc), *au 2° et au 3° de sinople au chef d'or, au lion de gueules brochant sur le tout* (qui est Fleurigny). »

Reçu chevalier de Malte en 1658, il était en 1594 commandeur de Beauvais, receveur du commun trésor de l'ordre au grand-prieuré de France, et capitaine de la galère patronne de Malte.

C'est lui qui, en avril 1695, réalisa un échange depuis long-temps projeté, des terres de Dormelles et Ville-Saint-Jacques, avec M. de Caumartin.

Le 15 avril 1701 il renouvela la concession de la chapelle Saint-Blaise de Fourches, à un ermite, pour y faire sa résidence assidue. (*Inventaire cité, fᵒˢ 172, 208*).

Un frère de Louis de Fleurigny-Leclerc, Antoine-Jean-Baptiste de Fleurigny était, à peu près à la même époque, commandeur de La Croix-en-Brie.

34. Fr. Guillaume de La Salle, 1718.

Parisien, reçu chevalier en 1678, commandeur de Chanu en 1715, de Beauvais en 1718, puis grand-croix de l'ordre de Malte. Armes : «*d'azur à deux éperons d'or, celui de la pointe contourné, ayant leur dessous de gueules, liés en cœur l'un à l'autre, d'un ruban de même.*

7 août 1718, déclaration des bois de la Commanderie de Beauvais ;

3 juillet 1725, sentence pour les dîmes des Rogeats, contre la veuve Bordier ;

En 1728, « le bailli » Guillaume de La Salle a pour fondé de pouvoir fr. Honoré Marion, prieur-curé de Saint-Jean-de-Latran. (*Inventaire cité, f°ˢ 131-176, etc*).

35. Fr. ANTOINE COSTAR LA MOTTE-HOTTOT, 1733.

Du diocèse de Bayeux, il fut d'abord commandeur de Villedieu-la-Montagne (1729). Armes : « *d'argent au lion de sable, armé et lampassé de gueules.* »

Passe des baux devant Chahuet, notaire à Nemours, en janvier 1733, pour la Commanderie de Beauvais. (*Inventaire cité, f° 170*).

En 1740, on le retrouve commandeur de Puisieux.

36. Fr. URSE-VICTOR TAMBONNEAU, 1733.

D'une famille parisienne, qui possédait la terre de Beton-Bazoches, près Provins. Reçu chevalier en 1696, il devint à la fois commandeur de Beauvais et de la Feuillée, en Aquitaine.

Armes : « *d'azur à la fasce d'or, accolée de trois molettes d'éperon en chef et d'une aigle à deux têtes en pointe, aussi d'or.* »

En 1733, Victor Tambonneau afferme les revenus de Beauvais pour 8,500 l. par an, outre les charges. Ces charges consistaient à faire exercer la justice civile et criminelle, à faire dire les messes d'obligations dans la chapelle de Fourches, etc. Le locataire payait aux Récolets de Nemours, en déduction de son fermage, pour la desserte de la chapelle de Beauvais, 150 livres et 200 fagots, plus pour l'entretien de cette chapelle 50 l. ; au curé de Châtenoy sa portion congrue de 300 l., à celui d'Aufferville 18 setiers de blé, autant d'orge, et 50 l. d'argent.

En 1735, ce commandeur est qualifié receveur et procureur général de l'ordre de Malte au Grand-Prieuré de France, dans un acte d'échange de la terre de Bonnevau, passé avec M. Lallemant de Betz, seigneur de Nanteau.

37. Fr. CHRISTOPHE-EDOUARD-FRANÇOIS DE THUMERY DE BOISSISE, 1745.

De la famille seigneuriale de Boissise-le-Roi, près Melun, Christophe de Thumery, reçu chevalier de Malte le 19 novembre 1689, en même temps que son frère Jean-Antoine, portait : « *d'or à la croix de gueules, cantonnée de quatre boutons de rose au naturel.* »

Il fut d'abord commandeur de Chanu (1731).

En 1745, il fit procéder à l'arpentage général du domaine de

Beauvais, par Pierre Helluin de Lannois, arpenteur royal en la maîtrise des eaux et forêts de Fontainebleau.

De Beauvais, il passa à la tête de la Commanderie de Hautavesne.

38. Fr. Jean-François Fraguier, 1751.

Fils de Nicolas Fraguier, conseiller du roi au parlement, seigneur du Mée, près Melun, et proche parent de l'abbé Claude-François Fraguier, de l'Académie française, dont il était l'élève, — ce commandeur était entré dans l'ordre de Malte le 20 décembre 1701.

Armes : « *d'azur à la fasce d'argent, accolée de trois grappes de raisin d'or, deux en chef, une en pointe.* »

Lorsque son père mourut, le chevalier Fraguier assista à la cérémonie religieuse qui eut lieu à l'église Saint-Barthélemy de Melun et signa l'acte sur les registres de la paroisse, à la date du 19 novembre 1720 : « Le chevalier Fraguier de Bussy. » (*Arch. de la ville de Melun, série G. G.*).

Ce commandeur de Beauvais est mort à Paris, à l'âge de 73 ans.

39. Fr. Hervé Lefebure du Quesnoy, 1755.

.Reçu chevalier le 17 mai 1709 ; devint commandeur de Saint-Marc d'Orléans, puis de Beauvais, enfin de l'hôpital ancien ou Saint-Jean de Latran, à Paris (1773), et en même temps grand-prieur. Armes : « *d'azur à la fasce d'or surmontée de deux croix fleur-de-lysées, aussi d'or.* »

Son fondé de pouvoir, fr. Pierre Denier, prieur-curé de Saint-Jean de Latran, chancelier, garde des archives et promoteur du grand-prieuré de France, passe bail, en son nom, des bâtiments et dépendances de Beauvais, le 17 janvier 1756. (*Inventaire cité*).

40. Fr. Hubert-Louis de Culant, 1767.

De la famille des seigneurs de Châtenoy en Gâtinais, de Saint-Ouen et Savins en Brie.

Né le 27 septembre 1719, reçu de minorité en 1724, il était fils de Louis-Alphonse, marquis de Culant, sieur de Savins et Jutigny, et de Marie-Edmée Chevalier de Ribourdin.

Armes : « *d'argent semé de tourteaux de sable, au sautoir de gueules, brochant sur le tout.* »

41. Fr. Marie-Gabriel-Louis Texier d'Hautefeuille, 1775.

Originaire de Paris, il était le 3ᵉ fils de Jacques-Etienne-Louis

Texier, sieur d'Hautefeuille, Charny, Malicorne en Bourgogne, et de Marie-Catherine Sorel.

Armes : « *de gueules à la levrette courante en fasce, d'argent, accolée et bouclée d'or, surmontée d'un croissant de même.* »

Reçu chevalier de Malte à l'âge de trois mois, ce commandeur de Beauvais était en même temps commandeur de Villedieu-lès-Bailleul et prieur-commendataire de Saint-Gengoulphe de Varennes.

Il habitait ordinairement Paris, laissant le soin des intérêts de sa Commanderie à J.-B. Bezout, avocat en parlement à Nemours.

42. Fr. Charles-Guy-Louis de Valory, 1786.

Né à Etampes le 8 août 1753.

Assigné en 1789 pour comparaître à l'assemblée du bailliage de Nemours, comme seigneur de Grèz en partie, il fit défaut (Procès-verbal du 9 mars 1789 ; *Archives départementales, B. 265*).

Il dût se retirer à la Révolution ; arrêté le 1er octobre 1793, il recouvra sa liberté le 9 brumaire an III et revint finir ses jours à Nemours, dans le département de Seine-et-Marne.

Avec M. de Valory, se clot la liste des commandeurs de Beauvais.

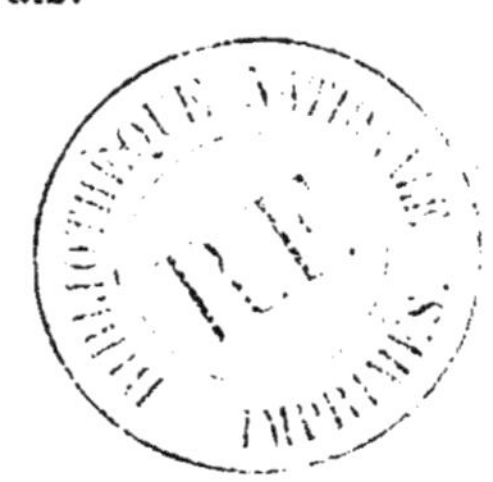

9 782019 949518